AF338516

P 27
12
22057

LE PRÉSIDENT

NICIAS-GAILLARD.

DISCOURS

PRONONCÉ

A LA RENTRÉE DES CONFÉRENCES DU STAGE,

LE 17 DÉCEMBRE 1865,

PAR

Paul GARDELLE,

AVOCAT STAGIAIRE PRÈS LA COUR IMPÉRIALE DE TOULOUSE.

TOULOUSE,

IMPRIMERIE DE A. CHAUVIN,

Rue Mirepoix, 3.

1865

LE PRÉSIDENT

NICIAS-GAILLARD.

> Qu'est-ce qu'un magistrat? — C'est un
> homme tellement confondu avec la justice,
> qu'on dirait qu'il soit devenu une seule chose
> avec elle.
>
> DAGUESSEAU (3ᵉ Mercuriale).

MESSIEURS ,

C'est sur une vie bien simple , mais bien noble et
bien pure, que je vais, suivant un pieux usage ,
arrêter un instant vos regards. — Elle n'a pas été
mêlée à de nombreux événements ; mais elle s'offre
à vous environnée du prestige de toutes les grandeurs de l'esprit, et vous permet de contempler, dans
le plus vif éclat, le spectacle de la fermeté dans le
bien et de la persévérance dans le devoir. — Sympathique et salutaire contemplation : à la vue du
bien, l'esprit s'élève et s'ennoblit ; comme le corps
qui respire l'air pur, l'âme sent en elle une énergie
plus grande ; — et, au sortir de cette salubre atmos-
phère, fort des ardeurs dont l'admiration vous pénè-

tre, il semble qu'on marche d'un pas plus ferme dans les sentiers difficiles de la vie.

On vous a souvent entretenu, Messieurs, dans cette réunion de famille, de nos gloires parlementaires. La tradition, aujourd'hui, ne vous paraîtra point interrompue. Il y a dans cette figure de M. Nicias-Gaillard, hier encore vivante, quelque chose d'un autre siècle, et vous croirez avoir toujours présente devant vous l'image de ces magistrats des anciens temps, qui ont placé sur les hauteurs toutes les vertus de l'humanité.

— Obtenir du ciel la plus belle intelligence et la féconder encore par un travail incessant; arriver au sommet des grandeurs judiciaires et ne devoir son élévation qu'à son propre mérite; se montrer aussi grand par l'esprit que par le caractère, orateur éloquent, profond jurisconsulte, homme de conviction et de fermeté; n'accepter jamais d'autre guide que sa conscience et d'autre loi que celle du devoir; se vouer exclusivement au culte de sa profession et trouver des loisirs pour les longues études; mourir après avoir enveloppé son nom de considération et de renommée : — tel fut M. le président Nicias-Gaillard que la magistrature a perdu le 9 avril de cette année.

Elles sont rares, n'est-il pas vrai, Messieurs, les existences qui, au lendemain de la mort, lorsque l'affection pleure encore, peuvent être appréciées sans embarras et sans crainte ? — Celle qui vient de s'éteindre est une de celles-là; car il n'est pas pour elle de vérités sévères. — L'ombre la moins épaisse lui serait plus défavorable que la pleine lumière ; et, qu'il me soit permis de le dire, si dans mon choix une crainte m'a retenu, c'est uniquement celle de n'être pas assez vrai, et de faire trop fortement souffrir le modèle, surtout dans une ville pleine de ses traits, de l'insuffisance et de la faiblesse de celui qui a entrepris d'en donner l'image.

C'est à Parthenay, petite ville du département des Deux-Sèvres, que naquit, en juillet 1804, M. Louis Nicias-Gaillard. Il n'eut de la naissance ni le privilége d'un grand nom, ni la faveur d'une grande fortune. — Sa famille appartenait à la bourgeoisie, et, bien qu'un de ses aïeux se soit distingué par sa science, c'était plutôt en exemples de vertu qu'en titres de gloire qu'était riche l'héritage qui lui était laissé. — Le ciel lui réservait cette joie si douce de pouvoir transmettre à ses enfants un nom par soi-même couvert de la plus pure renommée.

Les habitudes studieuses et l'énergie de la volonté sont, Messieurs, deux traits distinctifs de la physionomie morale que je vais essayer de reproduire. On les retrouve dans la première jeunesse de M. Nicias-Gaillard comme dans tous les âges qu'il a vécus. — Le travail fut sa loi suprême, l'étude la source exclusive de ses jouissances. Porté par son goût propre vers l'étude des lois, on le vit, avec cette décision d'esprit qui déjà le caractérisait, choisir de bonne heure sa carrière, ne dépenser l'activité de son esprit

qu'en des labeurs féconds et marcher sans défaillance
à la conquête de son avenir. — Il lui était bien permis de se bercer de rêves glorieux, s'il est vrai que
l'espérance n'a rien de fragile ni de trompeur lorsqu'on travaille sérieusement à ce que l'on espère.

M. Nicias-Gaillard était avocat à vingt ans.

Qui mieux que lui pouvait aborder immédiatement
les luttes de l'audience et se hâter de jouir du succès? Il y apportait toutes les distinctions de l'esprit
et toutes les forces d'une jeunesse laborieuse. Il se
tint néanmoins, pendant deux ans, dans l'obscurité :
non pas qu'il fût incertain de ce qu'il allait faire, encore inquiété par des goûts naturels dont il n'aurait
pas complétement triomphé; non pas qu'il ait trouvé,
au début de la carrière, ce gardien jaloux qui semble en défendre le seuil, et qu'il se soit heurté à ces
impossibilités premières qui vous font passer si subi-
tement de l'espérance au doute et du doute au dé-
couragement. Il ne voulut attendre que pour être
plus sûr d'obtenir. « Sage précaution d'un esprit
» éclairé qui sait qu'on manque souvent la renommée
» en courant au-devant d'elle (1). »

Aussi, lorsque le jeune homme se produisit à la
barre, le succès marqua-t-il ses premiers pas. Les
grandes causes vinrent bientôt à lui; le vrai talent
s'affirme vite, et l'homme à qui le ciel l'a départi
n'est pas longtemps sans entendre murmurer à ses

---

(1) Nicias-Gaillard, *Éloge de M. le premier président Descordes.* — Octobre
1836.

oreilles la voix flatteuse de la renommée. Le jeune
avocat fut promptement jugé digne de se mesurer
aux plus illustres adversaires. Il n'avait pas encore
vingt-huit ans, que déjà l'habitude était comme prise
de l'entendre lutter contre M. Boncenne, dont le nom
seul vaut un éloge, et de le voir aussi lui disputer
avec un égal bonheur et le gain du procès et le prix
du mérite. — On admirait la facilité de son langage ;
on s'étonnait de la mesure de sa parole, de l'étendue
de ses connaissances et de l'énergie de sa pensée. Il
semblait que son esprit eût déjà reçu l'expérience de
l'âge et que, par un rare désir, les forces de la ma-
turité aient voulu se parer des grâces de la jeunesse.

Le barreau poitevin a surtout conservé le souvenir
du talent que déploya M. Nicias-Gaillard dans la défense de quelques-uns des insurgés vendéens.

Vous savez tous, Messieurs, ce que fit dans l'ouest
de notre France, pour essayer de relever le trône de
son fils, cette princesse de la cour d'Holy-Rood, qu'un
vaisseau génois, dans une nuit d'orage, débarqua
furtivement sur nos côtes, et qui quelques mois
plus tard, sur un autre vaisseau, marchait captive
vers la citadelle de Blaye, laissant après elle sur la
terre qu'elle quittait, comme souvenir de son mâle
courage, son costume de paysan et ses actes de la
ferme des Mesliers, et, comme témoignage des égarements de l'ambition maternelle, « des morts à en-
» sevelir et des prisonniers à juger (1). »

____

(1) Louis Blanc, *Histoire de dix ans.*

C'était en 1832. — Une trentaine de paysans des environs de Clisson , compromis dans cette fatale entreprise, furent renvoyés devant la Cour d'assises de la Vienne. — M. Nicias-Gaillard était alors dans toute la force de la jeunesse ; son talent en avait le prestige, son geste la passion, et sa voix cette chaleur qui reflète si bien les vives émotions de l'âme. — C'était bien la cause qui convenait à cet âge de généreuses inspirations, que celle de ces courageux et fidèles Vendéens, qu'avait encore égarés l'ombre des Lescure et des Cathelineau, et qui, sur cette terre des vieux souvenirs, venaient de donner une nouvelle et digne image des sublimes dévouements et des courageuses folies d'autrefois.

Je ne puis, Messieurs, vous citer aucun fragment de cette défense : pas un lambeau n'en est resté. Mais, moins fugitive que la parole, cette impression se conserve encore, que le jeune défenseur rencontra les accents de l'éloquence en demandant aux juges de rendre à la liberté ceux qui n'avaient pu résister aux entraînements d'une fanatique conviction.

Cette cause, qu'un succès complet vint couronner, donna à M. Nicias-Gaillard autant d'admirateurs que de témoins ; et, bientôt après, jouissant de ce bonheur, rare entre tous, de se voir offrir ce qu'il n'avait pas demandé, la magistrature elle-même lui proposa un de ses postes les plus brillants.

On dit, et je le crois sans peine, qu'il délibéra longtemps avant de se déterminer à quitter la carrière qui lui avait donné son premier enthousiasme,

Il regrettait de ne remplir qu'un jour cette mission
d'indulgence que la popularité environne, et où l'on
trouve toujours pour ses paroles de si sympathiques
échos. — D'un autre côté s'offrait à lui un ministère
non moins élevé : la sûreté des citoyens ; un siége où
la rectitude du jugement ne vient subir la déviation
d'aucune influence et l'illusion d'aucun sentiment ;
une carrière enfin qui s'écoule sur la même scène que
celle de l'avocat, et qui cependant, moins jalouse et
moins absorbante qu'elle, laisse, avec le pouvoir des
mêmes services et l'occasion des mêmes dévouements,
de ces studieuses retraites, où les forces de l'esprit se
réparent et s'augmentent par la diversité des études.

Telles étaient sans doute ses pensées, lorsque des
instances que l'estime inspirait, qu'un sentiment d'affection rendait encore plus pressantes (1), mirent fin
à ses indécisions, et le 5 novembre 1833 une Ordon-
nance royale, en appelant au poste d'avocat général
à Poitiers un jeune homme de vingt-neuf ans, prou-
vait une fois encore que le talent sait combler la dis-
tance que l'âge encore peut établir. — C'était là, du
reste, sa vraie vocation ; il était mieux fait pour as-
sister aux luttes des passions humaines que pour s'y
mêler. — Ses confrères le perdirent avec regret,
mais sans en être surpris. Depuis trois ans déjà, on
avait coutume de voir « les hautes positions se parer
» des dépouilles du barreau (2), » et la magistrature

(1) M. Gilbert-Boucher, alors procureur général à Poitiers.
(2) Nicias-Gaillard.

notamment s'enrichir de ses gloires. Jamais il n'avait été plus vrai de dire que la barre était la voie des grandes dignités. — Aussi, Messieurs, après de telles pertes, si notre ordre sut rester riche encore, peut-être que la raison la plus flatteuse est aussi la plus vraie, et qu'il faut s'en remettre sur ce point à ce qu'en a dit M. Nicias-Gaillard lui-même : que « c'est sa gloire de pouvoir beaucoup donner sans » s'appauvrir. »

C'était, vous le voyez, une belle mais difficile position que le jeune avocat venait de conquérir. Elle ne fut cependant ni au-dessus de son zèle ni au-dessus de son mérite ; et, lorsqu'à la tête d'un grand parquet, pour réprimer une sédition considérable, le gouvernement eut besoin d'une main ferme, ce fut lui qui fut proposé comme le magistrat le plus capable de se tenir à la hauteur des plus grands devoirs. — On sait à Toulouse que le roi n'eut pas à se repentir de l'y avoir nommé son procureur général (1). — Une certaine réputation le précédait dans notre ville : chose assez rare, on ne tarda pas à s'apercevoir qu'il valait encore mieux qu'elle, et que l'opinion publique, toujours si libérale envers les riches, ne lui avait cependant rien prêté.

A son arrivée, Toulouse était dans l'émotion et l'inquiétude. S'emportant sur ce mot de *recensement* qui n'était qu'un prétexte, et déguisant leur haine sous les apparences d'une question de légalité, les

_____

(1) 18 juillet 1841.

passions politiques avaient réussi à conduire le peuple jusqu'aux excès de la révolte et à lui mettre en main ces armes sinistres de nos journées d'émeute. Les barricades s'étaient formées, le pavé avait assailli les troupes et le sang lui-même avait coulé, dans ces tristes égarements d'une populace aveugle et inconséquente, qui n'hésite pas à jouer sa vie pour des maîtres qui la renieront lorsqu'ils pourront se passer d'elle, et qui compromettant la cause qu'elle croit défendre, éloigne d'elle ce bien de la liberté dont elle montre qu'elle ne sait pas jouir. Époques fatales où il semble que la civilisation s'engloutisse, et que le progrès de l'humanité soit une chimère de l'esprit.

C'était une délicate mission que le chef du parquet avait à remplir. Il fallait de la fermeté pour prévenir de nouveaux désordres ; il fallait aussi et surtout une grande modération pour calmer l'effervescence des esprits. M. Nicias-Gaillard offrit le rare assemblage de ces qualités. — Dès le premier jour de son apparition, les factieux furent mis à même de s'apercevoir qu'ils rencontraient un ennemi digne de leur audace, et ceux qui ne séparent pas l'ordre de la liberté, purent juger du fonds qu'ils pouvaient faire sur le nouveau magistrat qui leur était donné. — Aussi, n'est-ce point un souvenir effacé à Toulouse que celui de cette vigilance sans inquiétude et de cette énergie sans rigueur, qu'il sut apporter dans tous les actes de son ministère.

Cependant, Messieurs, si le calme matériel était rétabli dans la cité, l'ordre moral ne l'était pas. Des

ferments de discorde travaillaient encore la popula-
tion ; l'ébranlement restait après la secousse, et c'eût
été se tromper que de prendre le silence de la place
publique pour l'image du calme des esprits. Comme il
arrive toujours, la répression avait bien pu prévenir
de nouveaux débordements du mal, mais elle n'avait
point donné un ami de plus à la cause de l'ordre. —
M. Nicias-Gaillard sentit alors que sa mission n'était
pas achevée ; et, dans une occasion solennelle (1),
substituant avec un habile à-propos aux sévérités de
la poursuite la douce influence de la persuasion, et à la
force qui arrête le conseil qui ramène, il s'efforça,
par la puissance de sa parole, de conquérir non plus
seulement la vaine adhésion de la crainte, mais le
libre assentiment du cœur. — Ce fut une bien belle
page qu'il écrivit sur les malheurs de la dernière révolte. Quelle élévation de pensée, quelle grandeur
oratoire l'on y rencontre ! quelle sincère admiration
inspire l'orateur lorsqu'il vous représente l'ordre
comme la garantie suprême de tous les autres biens,
comme l'image de cette merveilleuse harmonie qui,
sous la main divine, à l'heure de la création, a pris
la place du chaos, comme une loi du ciel aussi nécessaire à la marche de l'univers qu'à la durée des
empires. — J'eusse aimé, Messieurs, à vous lire de
longs passages de ce discours ; car le meilleur moyen
de louer M. Nicias-Gaillard, c'est de lui laisser souvent la parole. Mais, quelque bienveillante que soit

(1) Audience de rentrée, 3 novembre 1841.

votre attention, j'ai craint de m'oublier au milieu des charmes de cette lecture : on se montre, vous le savez, si facilement indiscret lorsque c'est uniquement pour autrui que l'on parle.

Tel fut, dans des temps difficiles, le caractère du procureur général. — Abordons maintenant un autre côté de sa physionomie, et prenons-le dans ces luttes de l'audience où le talent est si vite ramené à la vraie mesure de sa valeur.

M. Nicias-Gaillard s'y est montré aussi grand orateur que profond jurisconsulte. Son éloquence était plutôt grave que rapide, plutôt solennelle que passionnée. — Familier avec tous les secrets du langage, la variété de la forme n'amenait jamais l'hésitation ou l'embarras. C'était sans cesse la même fluidité et la même harmonie. — Parfois simple et brève, toujours pure et correcte, sa phrase avait en général une certaine ampleur, et laissait même apercevoir, au cours de ses riches périodes, une assez forte empreinte des manières de l'orateur romain. — Mais abondant ou concis, élégant ou simple, il mérite cet hommage, que sa parole avait toujours la même clarté ; et, si vous ajoutez à ce talent oratoire toutes les forces d'un esprit dont le regard avait atteint jusqu'aux plus lointains horizons de la science ; si vous vous dites qu'il brillait autant sur le terrain de la discussion que sur celui de la philosophie pure ; que jamais le désordre de la preuve n'en venait diminuer l'énergie ; qu'il était à l'aise dans ces grandes causes, où l'on a pour s'étendre beaucoup d'espace et d'air, vous pourrez peut-être vous faire une idée de ce que fut sur son siége l'homme dont je retrace la vie.

Aux assises, le crime eut rarement un plus redoutable adversaire. — Je tiens de ceux-là même qui ont lutté contre lui, que ses réquisitoires, et surtout ses répliques, vous enlaçaient comme en des chaînes de fer. — Et soit qu'il poursuive de sa logique animée le faux légataire d'une riche irlandaise (1), soit qu'il déplore, dans le plus beau langage, l'aveugle cupidité de ce septuagénaire qui souille ses mains de sang pour posséder des biens dont il ne jouira qu'un jour (2), soit enfin, comme dans le procès Roques (3), qu'il tienne l'auditoire palpitant sous la pression d'un émouvant récit, l'on aime à retenir que, laissant de côté ces emportements oratoires qui ne conviennent pas à ceux qui accusent, le procureur général a toujours offert, par la modération de sa parole, le modèle de la véritable éloquence du magistrat.

Mais il fallait surtout le voir dans les grandes affaires civiles : c'est là que M. Nicias-Gaillard se montrait sous son plus beau jour et révélait son incontestable supériorité. Il nous sera vraiment donné de saisir son talent dans sa manifestation la plus haute, lorsque la Cour de cassation aura pris à Toulouse son premier avocat général. — Néanmoins, je n'arriverai

---

(1) Affaire Bonnet ; mars 1842.
(2) Affaire Méric ; février 1843.
(3) Mars 1843.

point à cette époque sans rappeler le jour où, dans l'affaire des héritiers Riquet, au milieu de l'empressement
le plus grand et de la curiosité la plus vive, la parole
du procureur général se mêla à celle de ces deux
maîtres (1), dont cette enceinte dira toujours le savoir
et la pensée généreuse tant qu'elle sera la dépositaire
de leurs œuvres et la salle des récompenses. — Il
s'agissait de savoir si le canal du Midi était bien la
propriété de celui qui en avait conçu la pensée et
doté la France. — Immense procès où revivait, pour
ainsi dire, tout notre vieux droit public et dont il
fallait demander la solution à d'innombrables docu-
ments. Ses conclusions, nous les avons encore; ce
n'est sans doute qu'une bien faible image de ce qu'elles furent. Que devient le discours dépouillé du prestige de l'action? Lisez cependant, Messieurs, ces
pages refroidies, incomplètes sans doute, et vous y
verrez une parole simple lorsqu'elle expose, concise
lorsqu'elle argumente, pleine d'ampleur lorsqu'elle
généralise, s'élevant sans effort, retombant sans
chute et sachant rester lucide même au milieu des
questions les plus diverses et des édits poudreux du
passé. — « Je me résume, dit en terminant M. Ni-
» cias-Gaillard : ce procès que l'Etat devait engager,
» je crois qu'il doit le perdre, et c'est à quoi je con-
» clus. » — On sait que sur ces conclusions, la Cour
reconnut la patrimonialité du canal des Deux-Mers,
et l'ombre de Riquet, dont l'admirable plaidoirie de

(1) Mrs Féral et Fourtanier.

Féral contenait l'évocation, put voir que bien loin d'être ingrate, la patrie savait encore, comme au temps de Louis XIV, récompenser par la fortune les inspirations du génie.

Cependant, je le disais tout à l'heure, quel qu'ait été jusqu'à présent M. Nicias-Gaillard, c'est à la Cour de cassation qu'il a acquis les meilleurs titres à sa juste renommée. Il y fut appelé le 11 juillet 1846.—Comme il devait être habile, en effet, à veiller au maintien de la loi, le regard de celui qui avait fixé durant de si longues heures le livre de la science juridique ! De quelle vive lumière devaient être éclairées les obscurités du texte et la religion du juge, lorsqu'avait parlé cette intelligence, dont la meilleure part s'était employée à pénétrer tous les secrets de la législation ! Comme cet esprit devait enfin se trouver à l'aise dans des fonctions où il pouvait sans crainte développer largement tous les principes de droit pur, et monter vers ces hauteurs doctrinales dont la grande élévation ne l'empêchait jamais de toucher la cime ! — La plupart de ses conclusions peuvent être regardées comme des traités spéciaux sur la matière; car c'était sa coutume de n'aborder l'examen de la difficulté qu'après avoir longuement exposé les principes et jeté sur le texte ces clartés qu'il reçoit toujours, lorsqu'on a la puissance de s'élever jusqu'à sa raison supérieure. Souvent aussi, lorsqu'il le jugeait nécessaire, bravant les fatigues et les longueurs de la route, on le voyait remonter jusqu'aux sources les

plus éloignées de l'histoire et rapporter de ces excur-
sions ces utiles enseignements dont il est rare qu'elle
ne récompense pas vos recherches. Dans le droit, en
effet, la vérité est souvent comme l'or sur la terre :
tous deux ne se découvrent qu'à ceux-là seuls qui
creusent. La surface a bien quelques paillettes, mais
les vrais trésors sont dans les profondeurs.

Peut-être pourrait-on dire que ces nombreux aperçus d'une grande érudition joints à cette habitude
de tout approfondir, donnaient à ses réquisitoires
une certaine longueur et leur enlevaient un peu de
cette allure rapide, de cette marche de combat qui
caractérise la plaidoirie de nos jours. — Mais cette
science se montrait si brillante de clarté, son plan
laissait paraître une si sage économie, sa discussion
s'animait d'une dialectique si puissante, le passage
de son esprit laissait enfin sur le procès une traînée
si lumineuse, que la justice s'applaudissait de ces
retards qui assuraient son succès, et que les plus im-
patients du siége ne pouvaient de bonne foi lui tenir
rancune pour le temps qu'il leur avait pris.

L'influence de sa parole était immense ; il était
rare que ses conclusions ne fissent pas arrêt ; et c'est
un souvenir notable que, dans un grave débat porté
devant les chambres réunies, la Cour reçut de son
réquisitoire une telle impression qu'elle prononça son
arrêt sans même avoir voulu se rendre dans la salle
de ses délibérés (1).

(1) Procès-verbal du 16 janvier 1853.

Et maintenant, Messieurs, si nous le suivons hors du palais et que nous passions avec lui le seuil de sa demeure, nous le verrons encore donner au travail la meilleure part de son temps. — La famille était bien une rivale parfois plus heureuse que l'étude; mais le plus souvent, après un large acquit de la dette du cœur, il se retirait dans la solitude du cabinet pour se donner les satisfactions d'une soirée laborieuse. — Le travail était, en effet, comme un besoin de sa nature, comme une condition de sa vie. Il semblait que le repos fût pour lui une intolérable fatigue, et que, par un rare privilége, qui agrandit la vie et double sa puissance, son esprit n'eût pas besoin de se détendre pour conserver son activité. — Ah ! c'est qu'il était soutenu dans sa marche par son amour de la science, et qu'il pensait, avec Thierry, qu'elle est, après la vertu, le seul vrai bien du monde. — N'en donnait-il pas, d'ailleurs, un éclatant témoignage, lorsqu'à deux reprises différentes, se dérobant aux honneurs d'une fonction plus élevée, il refusait ce poste de procureur général à Paris qui lui eût enlevé ses loisirs laborieux.

Tantôt, quittant les grands problèmes de la législation, comme pour se jouer dans les plus minutieux détails de la pratique, il écrit un traité sur les *copies de pièces*, où tour à tour satirique et jurisconsulte, un décret à la main (1) et la raillerie aux lèvres, il

(1) Décret du 29 août 1813.

fait la guerre *aux copies illisibles,* et, dans l'intérêt des avocats surtout, dénonce à la vigilance de la magistrature cet *art de l'écriture indéchiffrable* que le palais, dit-on, perfectionne de jour en jour.

Tantôt, sollicité par les curiosités de l'érudition, il se livre à de longues études historiques sur notre ancien droit français, feuillette de vieilles Chartes, ôte la poussière à d'anciennes Coutumes, — joyeux comme l'antiquaire qui découvre le sens d'une inscription mutilée, lorsque, au milieu de ses recherches, il avait pu recueillir la moindre étincelle de vérité, ou retrouver des éditions que ne connaissait pas la science (1).

Plus tard, c'est ce puissant génie, dont l'histoire elle-même subit encore la fascination, qu'il s'arrête à contempler ; Napoléon, au Conseil d'État, laissant prendre haleine à la Victoire, pour ajouter à ses lauriers la palme du jurisconsulte, captive son esprit amoureux des grandes choses ; — et, bientôt après, la Cour de cassation peut entendre la voix de son premier avocat général retracer, dans un langage plein de grandeur, la part prise par le premier consul à cette œuvre magnifique du Code civil, qui fera pour la gloire de l'Empereur au moins autant que ses conquêtes, et qui, bien mieux qu'elles peut-être, sera

---

(1) M. Nicias-Gaillard a découvert dans les archives de la Cour de cassation, un exemplaire du *Vieux Coutumier de Poitou*, imprimé en 1486, et, à la Bibliothèque impériale, une rédaction plus ancienne de la même coutume, faite à Parthenay, son lieu de naissance, en 1416. — Il a écrit trois Mémoires sur ces découvertes.

vraiment « ce morceau de granit sur lequel la dent » de l'envie ne pourra mordre (1). »

Le plus souvent, consultant des impressions encore toutes vives et fixant sur le papier ses souvenirs d'audience, il écrivait, touchant les derniers arrêts de la Cour suprême, ces savantes et nombreuses analyses auxquelles la *Revue critique* donna toujours dans son Recueil une place d'honneur. — Juste hommage rendu à des dissertations où les aperçus de la théorie se combinent avec les réalités de la pratique, et qui, dans le style le plus clair, vous offrent des opinions qu'il serait, je crois, aussi malaisé de combattre que de fortifier.

Enfin, Messieurs, durant ces heures de solitude, accordant quelques satisfactions à la vive exigence de certains de ses goûts, M. Nicias-Gaillard cherchait aussi le délassement et comme le sourire de l'esprit dans des études littéraires. Il s'oubliait volontiers à la lecture des meilleurs écrivains ; souvent même, prenant la plume, on pouvait le voir s'exercer, suivant ses propres expressions, dans cet art si difficile d'écrire, « sans lequel l'érudition la plus vaste perd » la moitié de son prix. » — Et ceux qui savent combien son goût était parfait, ses connaissances variées, tout ce que son esprit avait de politesse, son style d'élégance et son langage de pureté, peuvent vous dire, Messieurs, combien les lettres s'étaient montrées reconnaissantes de ses longues assiduités.

(1) Paroles de Napoléon Ier.

Un jour, c'est l'originale et spirituelle physionomie de Paul-Louis Courier qui le tente : il étudie durant quelques heures le talent de cet écrivain qui, « *dédaignant d'être selon la façon convenue (1),* » sort hardiment des sentiers suivis et marque son œuvre du cachet de la plus franche individualité ; il parcourt un instant ces pages d'un goût si sûr, où l'art se déguise avec tant de bonheur, où l'élégance n'apparaît que sous les dehors de la simplicité ; — et aussitôt, rassemblant dans une charmante biographie les souvenirs de son étude, nous le voyons, devant la Société académique de Poitiers, sourire sans réserve à la plaisanterie légère de la *Gazette du village,* à cette humeur moqueuse et sans pitié pour les ridicules du vigneron tourangeau ; lire plus vite peut-être et montrer moins de goût pour ces pages de mordante ironie, où le frondeur du préjugé, égaré par ses ressentiments, attriste sa verve par un ton d'amertume et se sert d'un trait qui fait venir le sang ; donner au style de Courier l'éloge le plus flatteur en essayant, à son tour, d'imiter le plus possible ses allures familières et son air de grâce naïve.

Un autre jour enfin, il écrit la vie du *président Brisson.* Je ne veux pas, Messieurs, m'arrêter à vous dire tout ce que cette biographie renferme de détails heureux, d'observations ingénieuses, qui attirent l'esprit, le charment, et parfois même le font sourire ; je ne puis me laisser aller à vous raconter ce

____

(1) Nicias-Gaillard.

tournoi poétique de la *Puce des grands jours*, où l'écrivain nous montre avec tant de grâce les plus graves jurisconsultes du seizième siècle se risquer dans la fréquentation des muses, oublier les sévérités de leur langage pour les formules de la poésie, et Brisson, Loysel, Pasquier, se montrer un instant dans un salon choisi, que présidaient deux dames, les premiers devanciers de Fontenelle, de Voiture ou de Benserade ; des choses plus graves me sollicitent. J'ai hâte d'arriver à cette partie de l'ouvrage où l'historien, voyant le roi dans l'exil, et Brisson, son favori, à la tête du parlement de la Ligue, fait entendre à ce dernier qu'il n'est pas de vraie gloire en dehors du devoir ; que l'on s'abaisse lorsque, pour arriver à de plus grands honneurs, on viole la foi promise, et qu'il vaut bien mieux, si la résistance amasse sur votre tête le péril, devenir la victime du dévouement que celle de l'ambition (1).

« Pour moi, écrit M. Nicias-Gaillard, s'il me fal-
» lait porter un jugement sur le président Brisson,
» j'aurais présente à l'esprit l'image de cet autre ma-
» gistrat près duquel il siégea longtemps, et dont il
» consentit à prendre la place quand les factieux eu-
» rent porté sur lui leurs mains impies ; — je com-
» parerais ces deux hommes qui se trouvèrent dans
» la même situation, eurent les mêmes devoirs à
» remplir, et je jugerais de ce que devait faire l'un
» par ce qu'a fait l'autre... Brisson, avec son élo-

____

(1) On sait en effet que Brisson fut bientôt mis à mort par la Ligue elle-même.

» quence et son immense érudition, reste, malgré ses
» fautes, un des hommes les plus distingués de son
» siècle ; de Harlay, toujours pur, toujours fidèle,
» inébranlable quand tout s'ébranle autour de lui,
» est le modèle du magistrat dans les temps d'agita-
» tions populaires. — J'admire dans l'un le savoir,
» le génie ; mais je crois voir briller dans l'autre la
» vertu elle-même. »

Noble langage où l'auteur se révèle lui-même et se
peint tout entier. Comme l'on sent bien, en effet,
sous ces lignes, la chaleur de la conviction ; comme
il est aisé de voir que celui qui les écrit a dans
son âme cette courageuse fermeté qu'il admire ;
comme l'on reste certain, après les avoir méditées,
qu'à l'occasion toutes ces vertus qu'il retrace ne res-
teraient pas seulement une vision de son intelligence,
mais deviendraient bien vite un acte dé sa vie.

C'est dans ces divers travaux que M. Nicias-Gaillard
dépensait son existence, lorsqu'un décret du 16 novembre 1836 vint l'appeler à la présidence de la
chambre des requêtes. — On avait bien choisi le
magistrat qu'il fallait à ces difficiles fonctions. A quel
esprit plus pénétrant, à quelle intelligence plus sûre
pouvait être confié le soin de distinguer le fondement
d'un pourvoi qui ne peut subir la discussion de la
partie intéressée à le combattre. — Aussi, durant
son trop court passage, ne parut-elle pas interrompue
cette sage jurisprudence de *l'ancien conseil des parties,*
qui n'admettait aux requêtes que les magistrats les

plus distingués par leur science juridique et leur expérience des affaires.

Il m'a semblé voir, Messieurs, sur son siége, cette
figure austère dont le calme et la dignité semblaient
donner l'image même de la justice. Quelle autorité,
sous le voile de la courtoisie la plus exquise! quelle
ardeur pour l'avocat dans un regard brillant d'intelligence! quel espoir pour la justice dans une infati-
gable attention!

Mais j'aurais oublié le trait vraiment le plus carac-
téristique de sa présidence et peut-être de sa vie, si
je ne parlais du changement que l'on vit alors s'opé-
rer dans ses manières. — Les longs développements
pouvaient bien être utiles, lorsqu'il s'agissait d'en-
traîner l'assentiment du juge; ils n'auraient pu con-
venir au magistrat qui n'avait qu'à exprimer des con-
victions. — M. Nicias-Gaillard ne resta plus avocat
général, après avoir cessé de l'être; et lorsque le
président improvisa l'arrêt, que, suivant la tradition
de la chambre des requêtes, le rapporteur devait
plus tard rédiger, une concision pleine de clarté fut
l'unique parure de son langage. On y vit le débat s'y
reproduire en raccourci, une phrase lui suffire à
l'exposition du principe-et d'un mot, sa logique faire
disparaître l'objection que ses scrupules ne lui per-
mettaient pas d'oublier.

Rare transformation, heureux privilége d'une or-
ganisation d'élite. — Il n'appartient, en effet, qu'aux
hommes supérieurs de se dépouiller complétement de
leur vieille enveloppe, et de briser avec les habitudes

du passé, lorsqu'elles ne sauraient s'accorder avec la situation présente.

Mais, quel qu'il puisse être, son talent n'a pas fait seul sa gloire, et cet amour inflexible du devoir, dont toute sa vie porte le témoignage, est aussi pour beaucoup dans cette renommée dont le plus pur éclat aujourd'hui l'environne. — A l'intelligence qui voit le grand et le bien, il a toujours uni la force qui le pratique; et à quelque époque qu'il vous plaise de faire revivre son caractère, vous ne surprendrez jamais la moindre faiblesse venir le découronner. Nul magistrat n'eut plus de droiture, nul ne sut mieux se maintenir dans le calme d'une forte résolution. Son zèle ne connut pas la fatigue, et telle fut sa justice et sa surveillance sur lui-même, qu'il a fourni sa carrière sans jamais se laisser détourner par la voix du crédit, ni prendre aux piéges de ses propres préférences.

Il aima sa profession avec toutes les ardeurs de son âme, et c'est à la servir qu'il s'est, on peut le dire, exclusivement consacré. — Sa mort le résume et le caractérise. Il eût fallu le voir, en effet, dans ses derniers jours, disputant à la souffrance les forces qu'elles voulaient lui enlever. — Aucune douleur ne pouvait le faire faiblir, aucune fatigue le condamner au repos : on eût dit, comme au marcheur des légendes, qu'une main invisible lui défendait de s'arrêter. Il voulait que sa robe lui servît de linceul ; ses vœux ont été remplis : c'est sur la brèche qu'il est tombé. — Grande et belle mort, qui couronne dignement une telle vie, et permet de dire que M. Nicias-Gaillard a aimé le devoir non-seulement jusqu'à la passion, mais aussi jusqu'au sacrifice.

Son agonie fut calme ; son regard voyait une région plus heureuse : l'éternité pouvait s'ouvrir sans crainte pour celui dont la religion avait toujours occupé le cœur et qui, dans la force de l'âge, avait écrit : « Il » n'y a que deux mots vrais dans toute langue hu- » maine, *Dieu* et le *Devoir*. »

Ainsi s'éteignit, Messieurs, il y a huit mois, cette existence aussi simple que pure, aussi calme que dignement remplie. — Saluons de nos respects le magistrat d'élite, qui restant étranger à toute passion politique, a mis son unique ambition « à se » rendre parfait dans son état (1). » — Ne refusons point notre admiration au jurisconsulte consommé, dont les lumières et les travaux ont si fidèlement servi la science. — Accordons un sympathique regard à celui qui sut avec tant de bonheur, par la plus exquise politesse, tempérer la rigidité de sa vertu, et qui, dans un cercle intime où son âme s'ouvrait tout entière, laissa voir si bien que cette courtoisie n'était point une trompeuse image de la bonté.

Qu'il reste enfin dans nos souvenirs comme un type vénéré de cette ancienne magistrature, aux mœurs austères, aux habitudes pleines de simplicité,

____

(1) Expression de Bossuet.

qui fuyait le monde pour la science, se plaisait dans le commerce des lettres, et dont le cœur semblait n'avoir d'amour que pour la justice et les soins domestiques.

Son existence dut être heureuse, car il avait su choisir les vrais biens : l'étude lui donna ses douceurs, la famille ses joies, et la pratique du devoir ses ineffables satisfactions. — Aussi, Messieurs, dans les derniers temps de sa vie, pouvait-on voir sur son visage comme un reflet de cette douce sérénité de l'âme qui prouve si pleinement que le passé ne vous reproche rien.